FACILE

MARIE-FRANCE MULLER

L'ARGILE FACILE

Une thérapie naturelle millénaire

JouVence

De la même autrice aux Éditions Jouvence

Soignez vos maux courants par la réflexologie faciale
Bien dormir, enfin !
Croire en soi
Cuisine végétarienne rapide
Le Chlorure de magnésium
Le Dien' cham', avec Nhuan le Quang
Le Vinaigre santé
Médecines douces pour animaux
Oser parler en public
Remèdes-maison
Vivre au positif
Les Plantes amies de notre foie, à la suite de *Regénérez votre foie !* du Dr Sandra Cabot

Chez d'autres éditeurs

Le Guide Hachette de l'aromathérapie, Hachette Pratique
Danse avec les abeilles, Éditions Trédaniel
Magique Bicarbonate, Éditions Trédaniel
Huiles essentielles, Pratique Hachette
Le Régime anti-âge (avec Stephan Lagorce), Éditions Hachette Pratique
Aromathérapie, Pratique Hachette
Les Réflexothérapies : comment masser les zones réflexes de votre corps, Éditions Retz
Le Monde de l'ésotérisme et de la parapsychologie (en collaboration), Le Livre de Paris

Catalogue Jouvence gratuit sur simple demande

ÉDITIONS JOUVENCE

Suisse : Route de Florissant, 97 – 1206 Genève
France : BP 90107 – 74161 Saint-Julien-en-Genevois Cedex
Site Internet : **www.editions-jouvence.com**
E-mail : info@editions-jouvence.com

Illustration de couverture : Aurélie de La Pontais

Mise en pages : SIR

ISBN : 978-2-88953-602-3

Sommaire

En hommage à toi, Terre,
mère de tout ce qui vit…

« Car la glaise est nourriture,
et plus que tu ne le penses…
La glaise, c'est la terre qui pense, qui réfléchit,
qui a une âme…
La glaise, c'est comme s'il existait un instrument capable de capter la lumière et de fabriquer le soleil ! »

« Je t'apporte la vie, Félix. (chat blessé)
Je vais te reconstruire ;
je suis ta mère ;
la mère n'abandonne pas ses enfants.
Tu es mon fils, Félix,
laisse-toi bercer dans mon ventre,
car je suis la ***terre*** *et tu es comme l'homme qui te soigne, sortis toi et lui de mon ventre vous êtes frères, Félix, et ton frère se doit à toi pour être vraiment mon fils, car dans la vie, vous êtes ce que vous êtes :*
un petit morceau de moi… »

Pierre Derlon, *La médecine secrète des gens du voyage,* Ed. R. Laffont

Chapitre 1

L'argile : une longue histoire

Qui n'a pas eu l'occasion d'en faire l'expérience ne peut imaginer les incomparables ressources contenues dans cet élément si commun : l'argile. Eh oui : cette argile même qui vous colle les chaussures à la terre après la pluie, celle aussi que l'on modèle avec amour pour en former de si beaux objets, depuis la nuit des temps… Elle est le plus simple, le plus immédiat des matériaux utilisés par l'homme, toujours liée à l'eau, formant ainsi l'alliance des deux éléments-sources, symboles de la naissance et de la vie. Gorgée de soleil, d'air et d'eau, elle en a capté les principes vitaux qui en ont fait un puissant agent de régénération : par elle, nous recevons les bienfaits des quatre éléments d'où tout résulte sur notre planète.

De la Genèse aux papyrus d'Egypte

Cette argile a une histoire, si ancienne que l'on en entend partout parler depuis des millénaires. Souvenez-vous : dans la Bible, c'est avec de l'argile que Dieu pétrit Adam, l'homme primordial. Les Amérindiens précisent même que ce fut avec de l'argile blanche !

Les papyrus égyptiens révèlent que, quelques trois mille ans avant notre ère, les médecins des pharaons faisaient un large usage de l'ocre jaune, qui est une terre argileuse contenant de l'oxyde de fer, pour soigner toutes sortes de maladies, blessures, lésions de la peau, états inflammatoires. Quant aux embaumeurs, ils employaient l'argile, associée aux huiles essentielles, pour la momification des corps des défunts.

Les Grecs anciens la nommaient « la terre de Lemnos », du nom de l'île d'où elle était tirée qui en contenait d'importantes carrières, au point que Galien s'y rendit en étudier les effets sur les cas de dysenterie, d'intoxication, d'hémorragies, de troubles digestifs et même sur la peste.

Dans son *Histoire naturelle*, Pline l'Ancien mentionne les vertus d'une terre blanche que l'on trouve près de Naples : cette terre, lavée, séchée et réduite en poudre, était mêlée à la farine pour en faire un aliment réputé protéger les consommateurs de nombreuses affections.

Dans l'Évangile, il est précisé que Jésus rendit ainsi la vue à un aveugle : il prit de l'argile, en fit une boue et l'appliqua sur ses yeux.

Une pratique universelle

En fait, les histoires abondent, en tous temps et sur tous les continents, pour vanter les vertus de cette terre miraculeuse : le médecin arabe Avicenne, Marco Polo dans ses récits de voyage, le mahatma Gandhi et tant d'autres en conseillèrent l'usage. Tous les peuples anciens l'utilisaient et souvent la consommaient. Chez les Dogons, elle était vénérée au point que ceux qui la travaillaient pour en faire des poteries étaient considérés comme des êtres possédant des pouvoirs magiques ! Dans l'Himalaya, certaines peuplades tibétaines prenaient de l'argile rouge pour se préserver du goître. Du Soudan au Moyen-Orient, en passant par le Mexique, l'Inde et le delta du Mississippi, cette terre était considérée comme souveraine contre de nombreuses affections.

Encore de nos jours, les Hopis, les Navajos et autres peuples amérindiens du sud-ouest américain en font un large usage aussi bien pour la réalisation de leurs magnifiques poteries que dans un but thérapeutique.

Les hommes ont probablement pris modèle sur les animaux qui vont toujours chercher dans la boue argileuse le remède à leurs maux.

La cure de l'Abbé Kneipp (1821-1897)

En fait, l'argile fut utilisée couramment depuis les temps les plus reculés jusqu'au siècle dernier où elle commença d'être la victime des progrès de la chimie qui pensait alors tout supplanter (ça n'a guère changé). Ce qui n'a pas empêché les gens de l'utiliser : on reste toujours fidèle à ce qui vous fait du bien et l'expérience prévaut sur les savants discours.

Dans le cadre des traitements naturels, Kneipp avait déjà vanté les mérites de l'eau et des plantes médicinales. Il y ajouta l'argile qu'il conseillait mélangée à du vinaigre pour en préparer des emplâtres et des cataplasmes. Comme il l'exprima au cours d'une de ses conférences : « Le Créateur, infiniment bon, dans les choses les plus insignifiantes en apparence et auprès desquelles on passe de nos jours indifférent, a donné des remèdes à l'homme et aux animaux. L'un des plus remarquables est l'argile. »

Il avait pu constater, durant son enfance, les succès incroyables obtenus sur les animaux domestiques que l'on soignait avec des emplâtres d'argile dans les cas d'entorses ou d'infections diverses. Il arrivait même, dans les cas graves, que l'on enduise entièrement l'animal malade avec une pâte faite du mélange argile-vinaigre, ce qui généralement le sauvait.

Il eut par la suite l'occasion d'appliquer aux animaux, puis aux chevaux de l'archiduc François-Joseph d'Autriche, ce type de soins. Devant les bons résultats obtenus sur des cas très divers, il s'enhardit à étendre à l'homme ses expériences : « J'ai pensé que ce qui était bon pour les animaux devait l'être aussi pour l'homme… et je puis dire que, des centaines de fois, l'argile est apparue comme un remarquable remède. »

Parmi d'autres pionniers de l'argile, citons (toujours au siècle dernier) Louis Kühne, et Adolf Just grâce auquel le traitement par l'argile prit une telle extension qu'on donna le nom de « terre de Just » à la variété appelée « Luvos ». Elle fut même utilisée avec succès contre le choléra asiatique au début du siècle par le Professeur Julius Stumpf, de l'Université de Berlin. Quant au pasteur Felke, surnommé « le pasteur d'argile », il soigna grâce à cette dernière plus de cinq cent mille malades...

Comme toujours, tous furent victimes de poursuites déclenchées par les représentants de l'orthodoxie médicale et le seul fait de mentionner l'argile prêtait à moquerie.

Une curieuse histoire de moutarde

L'argile fut tout de même souvent employée au cours de la première guerre mondiale. On en ajoutait à la moutarde distribuée dans certains régiments français, lesquels furent exempts de dysenterie, contrairement à ce qui se passait dans les régiments voisins. L'armée en usait de même pour soigner les chevaux. Des médecins allemands et autrichiens constatèrent aussi les bons résultats de l'argile prise par voie interne dans les cas de dysenterie, de fièvre typhoïde et de choléra.

Son usage s'en répandit ainsi en Suisse, en Allemagne et en Autriche et de nombreuses publications furent consacrées aux étonnants résultats obtenus.

Un remède de « bonne fame »

En dépit des nombreux travaux publiés depuis des décennies sur le sujet (voir la bibliographie), l'argile demeure, dans l'esprit de trop de gens et surtout de médecins, un « remède de bonne femme » (qui s'écrit dans la réalité : bonne *fame*, ce qui signifie « de bonne renommée » et non ce qu'on entend aujourd'hui par ce terme péjoratif). Elle a cependant reconquis du terrain, en bonne partie grâce aux publications de Raymond Dextreit.

Chapitre 2

Qu'est-ce que l'argile ?

Afin de mieux comprendre ce qu'est réellement l'argile, ainsi que les bienfaits que l'on peut tirer de ses diverses variétés par un usage adapté à chaque cas particulier, il peut être utile de préciser quelques données de base.

Un peu de géologie

Dans la nature, c'est à l'argile, en grande partie, que champs et forêts doivent la mise en réserve de la nourriture des végétaux. Ces minuscules particules de quelques millièmes de millimètres sont capables de saisir, en période d'abondance, l'eau, les éléments minéraux et certaines molécules organiques extraits de la pluie, des irrigations, des engrais et des fumures. Si la sécheresse et la disette surviennent, les argiles restituent à la plante ce qu'elles ont mis en réserve. Les argiles sont les « banques » de la végétation.

Il importe de distinguer les constituants que sont les minéraux argileux de leur assemblage que sont les argiles, plus ou moins mêlées à d'autres composants.

Les minéraux argileux

Les constituants des argiles sont des minéraux extrêmement petits qui se mesurent en millièmes de millimètres, c'est-à-dire en micromètres. Ils se présentent généralement sous forme de feuillets, d'où leur nom de phyllites, chacune étant composée de quelques centaines de feuillets empilés qui se mesurent en nanomètres, c'est à dire en milliardièmes de mètre !

Les roches argileuses

Les argiles ou roches argileuses sont un mélange de minéraux argileux avec les divers autres minéraux présents dans la nature. Pour qu'une roche mérite le nom d'argile, il faut que la proportion de minéraux argileux soit assez grande pour communiquer au matériau ses propriétés communes principales : finesse, fragilité, plasticité, propriétés adsorbantes, absorbantes, reminéralisantes, etc.

Les argiles ou roches argileuses se trouvent dans les zones plus superficielles de l'écorce terrestre :

- la zone d'altération météorique – qui est celle des altérations et des sols ;
- la zone de sédimentation lacustre ou marine ;
- la zone de la diagenèse par enfouissement, visitée par les actions hydrothermales.

En résumé, la roche argileuse provient ainsi de la décomposition de roches mères cristallisées, tel le granit. Il en est deux types principaux :

- l'argile d'altération rocheuse ;
- l'argile de sédimentation.

Du point de vue chimique, les différentes argiles sont « des silicates d'alumines hydratés dans lesquels sont imbriqués des éléments minéraux étrangers qui amènent ainsi les diverses colorations de l'argile »[1]. Ces divers éléments minéraux ne dépassant pas deux microns, on peut leur attribuer le bénéfice d'une forme d'oligométallothérapie conférant certaines de ses propriétés à l'argile.

Quant à son élasticité et sa plasticité, elle provient des textures dites « en feuillet » ou fibreuses de ces silicates hydratés, lesquels se présentent en deux ou trois couches.

Les argiles sont classées par famille selon les éléments minéraux qu'elles contiennent et leur structure cristalline. Il existe ainsi :

❶ *Les argiles riches en **silice** et **alumine*** parmi lesquelles :

- la **Kaolinite**, de couleur blanche, qui provient de la décomposition du feldspath ;
- la **Dicktite** ;
- l'**Halloysite** ;
- la **Montmorillonite-beidellite**, verte ou grise, appelée aussi Terre à Foulon, Bentonite, Terre de Sommières ou de Carpentras. Elle sert à purifier les huiles végétales et les matières grasses ;
- la **Pyrophyllite** ;
- les **Illites**, utilisées pour la fabrication des briques et la poterie.

❷ *Les argiles riches en **silice** et **magnésium** parmi lesquelles :*

- l'**Antigorite** ;

- la **Saponite**, utilisée dans le raffinage des produits pétroliers ;
- le **talc** ;
- les **Vermiculites**, utilisées dans l'industrie du bâtiment ;
- la **Sépiolite**, utilisée pour les litières d'animaux ;
- l'**Attapulgite**, qui contient en outre de l'***aluminium*** et du ***fer***, utilisée dans l'industrie pharmaceutique.

❸ *Les argiles riches en* ***silice*** *et* ***fer*** *comme :*
- la **Nontronite** : raffinage des produits pétroliers ;
- la **Glauconite**.

Il est de nombreuses autres variétés d'argile, de structure cristalline ou de composition minérale diverses. S'il existe bien une méthode quasi universelle d'utiliser l'argile, verte de préférence, il est de loin préférable d'essayer de déterminer celle qui correspond le mieux à la personne et à sa pathologie, en fonction déjà de son biotype particulier :
- *colloïdal,* individu de tempérament sanguin, pléthorique ;

- *cristalloïde,* de tempérament plutôt nerveux, sec et arthritique.

Procédés d'extraction et de fabrication de l'argile

L'argile se trouve sous forme de gisements plus ou moins importants, exploités la plupart du temps à ciel ouvert. Les veines d'argile peuvent être de couleur uniforme ou différentes, alternées, une couche rouge pouvant se retrouver sous une couche verte, jaune ou blanche.

Lorsque la veine d'argile a été mise à nue et déblayée des éléments indésirables (roches diverses), elle est sélectionnée, analysée, puis transportée sur une aire de séchage en béton où elle est étalée au soleil. Ce mode de séchage naturel lui permet d'encore emmagasiner l'énergie des rayons solaires. Après quoi elle est triée manuellement afin d'en éliminer les éventuelles impuretés résiduelles, puis broyée pour obtenir une granulation homogène. Elle est ensuite mouillée d'eau de source pour obtenir une pâte qui est alors pressée entre des toiles pour en faire des « pâtons » de 10 kg.

Ces derniers sont encore mis à sécher au soleil, puis concassés : c'est cette forme d'argile granulée, à dissolution rapide, que l'on utilise pour l'usage externe.

L'argile surfine, totalement exempte de sable, est plus délicate et agréable à utiliser que la précédente. Elle est obtenue à partir d'argile concassée en fine poussière dans un microniseur, ce qui permet d'éliminer les impuretés ayant échappé au précédent triage. Elle est surtout utilisée pour les zones particulièrement sensibles ou pour la préparation de masques à appliquer sur le visage ou le corps. Elle entre aussi dans la préparation de cosmétiques associant les bienfaits des plantes à ceux de l'argile.

Les qualités d'une bonne argile

Une bonne argile doit donc être pure, de qualité minérale sélectionnée pour ses capacités d'adsorption, d'extraction récente et séchée au soleil (et non au mazout, ni même au four électrique, car les fortes températures en diminuent beaucoup les pouvoirs régénérateurs).

Si l'argile du nord de la France possède un plus grand pouvoir d'absorption, celle du sud (en particulier extraite du bassin sédimentaire du Mont Ventoux) contient beaucoup d'éléments minéraux et possède un grand pouvoir d'adsorption[2].

Les principales argiles utilisées en thérapie

Vous trouverez facilement ces diverses argiles dans les magasins bio, ainsi qu'en pharmacie. Ce sont les plus efficaces et les plus utilisées. Il faut cependant souligner que la couleur n'est pas déterminante dans la qualité du produit : il en est de verte, jaune, rouge, grise, blanche et même bleue. L'important est de rechercher celle qui semble la mieux harmonisée avec la personne et le problème donné.

• ***Argile verte***

La meilleure de toutes est la **Montmorillonite** (qui peut d'ailleurs être verte, blanche et même bleue) très riche en magnésie. Elle contient de la silice, de l'oxyde de fer, de l'oxyde d'aluminium, de l'oxyde de manganèse, de la chaux, de l'oxyde de magnésium, de la potasse, de la soude, de l'oxyde de titane et des phosphates. Sa capacité d'adsorption, sa pureté en font une argile aux exceptionnelles qualités, très supérieure à l'argile verte ordinaire. Notons d'ailleurs à ce propos que l'on peut trouver de nombreuses argiles vertes de qualités très différentes… et dont les vertus le sont aussi.

Propriétés : elle est à la fois détoxifiante, reminéralisante et absorbante. C'est l'argile la plus utilisée, car ses multiples propriétés en font recommander l'usage dans de nombreux cas. On l'emploie pour reminéraliser et drainer, par voie externe en cataplasmes épais ou par voie interne sous forme d'eau argileuse à boire.

• ***Argile blanche ou Kaolinite***

Elle tire son nom du premier gisement connu, situé en Chine, à Kao-Ling. On en trouve aussi en France (en Bretagne et à Limoges) et en Angleterre. Née de la décomposition de roches granitiques, elle est constituée de deux couches : silice et alumine.

Propriétés : sous forme de lait d'argile, son fort pouvoir couvrant, son action anti-bactérienne, anti-inflammatoire et cicatrisante la font préférer à d'autres comme pansement protecteur de la muqueuse gastrique et intestinale dont elle accélère la cicatrisation. Elle résout les fermentations et absorbe les toxines, ce qui la rend précieuse dans les cas de ballonnements et d'intoxication alimentaire. Par son effet de lest, elle aide à lutter contre la constipation. Elle joue aussi un rôle régulateur sur le pH.

En usage externe, tout lui est permis : cataplasme, emplâtre, masque. Elle est excellente en bain de bouche et pour le poudrage des bébés.

• ***Argile verte allemande ou « Ludos »***

De couleur beige ou gris-orangé, c'est la plus employée en Allemagne. Elle possède toutes les qualités de la Montmorillonite.

• ***Attapulgite***

Blanche, verte ou parfois rouge vif, elle est très utilisée pour ses vertus médicales en raison de son fort pouvoir adsorbant : pansements gastriques, ulcères d'estomac, colite, gastrite…

Elle est aussi utilisée pour la fabrication… de litières pour chat !

• ***Illite***

Très répandue dans le nord de la France, cette argile commune, fortement calcique et pauvre en magnésium, colle beaucoup à la peau. Son bon pouvoir d'absorption la fait utiliser surtout pour sa capacité d'absorber les déchets, impuretés, etc. En cataplasmes épais, elle est aussi très intéressante dans le cas de traumatismes et contusions divers dont elle fait diminuer le gonflement (entorses, foulures…).

• ***Bentonite***

Son nom vient de « Fort Benton », un gisement important situé dans le Montana. Elle est un bon support de médicaments et de cosmétiques, car elle en favorise la pénétration des principes actifs à travers la peau. Elle sert même à la fabrication… d'explosifs !

• ***Octalite***

Particulièrement recommandée dans les cas de fermentations intestinales

• ***Diosmectite***

D'usage pharmaceutique, prescrite dans les cas de troubles digestifs (diarrhée du nourrisson etc.).

... et bien d'autres, y compris cette jolie argile que vous avez peut-être dénichée au fond de votre jardin... Ou cette merveilleuse argile marine, gris anthracite, que l'on trouve encore sur certaines plages du sud-ouest, gorgée de soleil et de mer, et dont les vacanciers avertis s'enduisent tout ou partie du corps sur lequel ils la laissent sécher, exposée au vent et au soleil, avant de se jeter dans la mer pour parfaire cette extraordinaire cure de régénération !

Chapitre 3

Les propriétés de l’argile

En dépit des éventuels rapprochements que l'on peut être amené à établir entre l'action de médicaments (tels les antiseptiques) et l'argile, cette similitude n'est qu'apparente : tandis que les premiers sont des produits chimiques morts dont l'action aveugle n'épargne rien, l'argile est une substance vivante qui agit avec discernement, « entrave la prolifération des microbes ou bactéries pathogènes, c'est-à-dire tous corps parasitaires, tout en favorisant la reconstitution cellulaire saine »[3].

En fait, l'argile dirige son action là où se trouve le mal, c'est-à-dire vers le foyer morbide sur lequel elle se fixe jusqu'à nettoyage complet, évacuation des éléments indésirables (pus, etc.) et reconstruction.

Ses deux propriétés principales, l'absorption et l'adsorption, sont complètement différentes l'une de l'autre.

Pouvoir absorbant

C'est la fonction « pompe », très importante dans l'argile qui peut retenir toutes sortes de liquides aussi bien qu'absorber les mauvaises odeurs ou décolorer.

Placez une soucoupe contenant un peu d'argile dans votre réfrigérateur : vous éviterez aux aliments de « prendre » de mauvaises odeurs !

Pouvoir adsorbant

C'est la fonction la plus recherchée dans le domaine thérapeutique, puisqu'elle permet la fixation et la neutralisation des toxines et des alcaloïdes. Ainsi, l'argile peut capter (pour les évacuer) les éléments indésirables dans le corps ou les produits de désassimilation.

Reminéralisant

Sa richesse en minéraux, oligoéléments et minéraux colloïdaux font de l'argile une source précieuse en ces éléments dont nous sommes trop souvent carencés[4]. La prise par voie interne d'argile, surtout la verte, permet de bénéficier de manière très simple et peu coûteuse de l'ensemble de ses propriétés.

Pouvoir anti-bactérien

C'est un fait avéré que l'argile empêche la prolifération bactérienne et microbienne. Une argile pure, séchée au soleil, est naturellement exempte de micro-organismes nocifs. Les animaux sauvages savent bien profiter de ce pouvoir : s'ils sont blessés, ils iront se rouler dans la glaise, sachant d'instinct que l'argile guérira leurs plaies et empêchera toute infection.

Pouvoir couvrant

Tout dépend de la structure de l'argile, indépendamment de sa couleur. Une structure en feuillet, plus couvrante, jouera mieux le rôle de pansement (exemple : pansement gastrique).

Radioactivité

Le rayonnement radioactif de l'argile n'a jamais pu être mesuré. De plus, tandis que la radioactivité est généralement destructrice, il n'en est pas de même de l'argile dont le pouvoir est régénérateur. Il n'y a donc rien à craindre de l'utilisation d'argile, bien au contraire : elle semble plutôt absorber les radiations nocives.

Toujours selon R. Dextreit : « Il semble que l'argile possède, entre autres propriétés, celle de stimuler la radioactivité des corps sur lesquels elle est appliquée si celle-ci est déficitaire, ou d'absorber celle en excès[5]. » Comme toujours, un effet régulateur ! L'argile pourrait ainsi jouer un rôle de protection sur un organisme fragilisé par des rayonnements ionisants, ce qui est précieux en notre époque où l'on passe souvent plusieurs heures par jour devant un ordinateur, quand ce n'est pas devant sa télévision.

Comme on peut le constater, nombreux sont les pouvoirs de l'argile, et très large son utilisation. C'est grâce à eux que cette terre merveilleuse, sans être une panacée universelle, vous permettra de soulager tant de maux.

Chapitre 4

L'argile pratique

« Nous possédons dans ce traitement l'une des armes les plus efficaces de tout notre arsenal thérapeutique, d'autant plus digne de glorification qu'elle est sans danger. »

Docteur Schalle[6]

Il est aisé de se soigner avec l'argile : la préparation en est simple, bon marché et les résultats ne se font point attendre. Il suffit de respecter quelques règles de base qui vous permettront d'éviter les écueils et de vous sentir rassuré si vous n'avez pas l'habitude de vous soigner de cette manière. De plus, la polyvalence de la cure argileuse permet d'en attendre plus que ce qu'on lui demande généralement !

Quelle argile choisir ?

Toutes les argiles possèdent à peu près les mêmes pouvoirs, mais dans des proportions parfois très différentes. C'est ce qui explique qu'une argile puisse se montrer particulièrement efficace sur une personne et pas sur une autre. L'idéal est donc d'adapter l'argile au problème que l'on désire traiter.

Selon la classification de J.P. Guenot[7], mieux vaut utiliser, dans l'ordre indiqué selon leur valeur.

• *Pour des problèmes d'absorption :*
– attapulgite ;
– illite ou kaolinite ;
– montmorillonite.

• *Pour des problèmes d'adsorption :*
– montmorillonite ;
– attapulgite ;
– illite ou kaolinite.

Si vous avez l'occasion de récolter vous-même votre argile, prenez le temps de la laisser exposée au soleil, à l'air, à la pluie : elle en absorbera les énergies qu'elle vous restituera ensuite pour votre plus grand bien. Cependant, l'argile même directement extraite du sol possède la plupart de ses étonnantes propriétés et vous pouvez en user directement.

L'ARGILE EN USAGE INTERNE

La prise d'argile par voie buccale ne pose aucun problème et le goût n'en est pas désagréable. Il n'est donc aucune raison de se priver de son action bénéfique, réellement polyvalente. Car il faut savoir que l'argile ne va pas se contenter de traiter votre problème direct : elle va agir sur tous les organes affectés, selon vos besoins.

Ainsi va-t-elle aussi bien purifier et drainer votre organisme qu'enrichir votre sang si vous êtes anémié, guérir votre problème de peau et combler vos carences diverses. En cas d'anémie, on assiste en un mois à une spectaculaire augmentation des globules rouges du sang, vérifiée par la numération globulaire.

Certes, l'argile contient des traces de nombreux éléments minéraux, mais en quantité insuffisante pour en expliquer directement son effet reconstituant. Cependant, n'oublions pas que même sous forme infinitésimale, colloïdale et oligoélémentaire, les minéraux présents sont indispensables au bon fonctionnement de l'organisme[8]. Et pourtant, l'argile comble les carences, quelles qu'elles soient : en fait, elle « travaille à la source », là où il y a dysfonctionnement, et elle rétablit l'organe ou la fonction défaillante. Les éléments qui la composent agissent en fait en tant que catalyseurs, permettant par leur présence la fixation et l'assimilation de ces substances que le corps ne savait plus retenir. Leur seule présence suffit. C'est pourquoi il est inutile de prendre de grandes quantités d'argile : une seule cuillerée à café quotidienne permet d'obtenir le résultat recherché… et souvent plus encore !

Outre cette présence minérale, c'est l'énergie qui s'en dégage qui est peut-être la plus active dans son pouvoir de stimulation, de régénération et de revitalisation. L'argile, nous l'avons vu, a accumulé l'énergie de tous les éléments ; c'est cette énergie qu'elle restitue ensuite, reconstituant rapidement de cette manière notre potentiel vital défaillant. Elle réglemente le métabolisme de l'organisme, exerce une action régulatrice sur les glandes endocrines qu'elle stimule ou apaise, selon les besoins. Et comme elle absorbe de plus toutes les toxines et toxiques, on ne peut s'étonner des étonnants effets obtenus, que l'usage soit interne ou externe.

Préparation du lait d'argile

Rien de plus simple :

- mettez dans un verre une à deux cuillerées à café d'argile surfine en poudre ;
- ajoutez de l'eau, si possible non javellisée (par exemple Volvic ou Mont Roucous) ;
- mélangez bien le tout avec une cuillère en plastique ou en bois ;
- laissez reposer le mélange quelques heures, si possible au soleil. Il est aussi possible de le prendre aussitôt préparé.

On peut se contenter de boire l'eau argileuse en laissant le dépôt formé au fond du verre, ou remuer le tout au moment de la prise pour tout avaler.

Quand le prendre

Le matin au réveil, le soir au coucher ou une demi-heure avant les repas.

Posologie

La posologie moyenne est d'une ou deux cuillerées à café par jour. Pour les enfants de moins de dix ans, une demi-cuillerée à café suffit.

L'action de l'argile étant surtout due à ses radiations, il n'est pas toujours nécessaire d'en prendre de grandes quantités : tout dépend du problème à traiter. Ainsi, dans le cas de certaines infections, intestinales par exemple (colibacillose, gastro-entérite, etc.), ou affections du tube digestif (ulcères stomacal ou duodénal, entérite), la dose peut être portée à trois ou quatre cuillerées à café par jour. Dans d'autres cas, de très faibles doses peuvent suffire. À vous de tester ce qui vous convient le mieux !

Précautions d'emploi

N'utilisez pas de verre en cristal ou aux parois trop minces pour préparer votre lait d'argile : vous pourriez avoir la mauvaise surprise de le voir éclater ! En effet, lorsque les éléments minéraux de l'argile – qui justement en font le pouvoir régénérant – sont mis en solution dans l'eau, leur puissante interaction ionique est capable de briser le verre.

N'utilisez pas non plus de cuiller en métal.

Réaction possible

La seule à craindre est une éventuelle constipation (ça n'arrive pas à tout le monde), dans le cas où l'importance des déchets « déborde » quelque peu les émonctoires et y occasionne quelque embarras. Pour éviter ce léger inconvénient, ne prenez au début que de l'eau argileuse.

Attention !

En raison même de la puissance de ses effets, il est quelques précautions qu'il est sage de prendre avant d'entreprendre un traitement à l'argile.

Il ne faut surtout pas prendre d'argile par voie buccale en cas de :

- tendance ou risque d'occlusion intestinale ;
- tendance ou risque d'étranglement d'une hernie ;
- prise d'huile de paraffine dans les quinze jours qui précèdent ou pendant la cure d'argile prise par voie buccale.

L'huile de paraffine – minérale –, généralement prise dans les cas de constipation, provoque le durcissement de l'argile et induit le risque de formation dans le tube digestif de boulettes compactes difficiles à éliminer.

Les personnes habituellement constipées doivent être prudente avec l'argile par voie interne (excepté la Kaolinite) et se contenter de boire l'eau argileuse, sans le dépôt qui reste au fond du verre. L'usage externe ne présente aucun inconvénient.

> En règle générale, mieux vaut s'abstenir de prendre de l'argile par voie buccale lorsqu'on prend un traitement médical, allopathique ou homéopathique, celui-ci risquant de s'en trouver perturbé.

La cure argileuse

Avec l'argile, il ne faut rien brusquer. Au début du traitement, contentez-vous de consommer l'eau argileuse, en laissant le dépôt au fond du verre. Par la suite, vous pourrez tout boire. Laissez à votre organisme le temps de se libérer progressivement des déchets qui l'encombrent. Les résultats n'en seront que meilleurs.

Faites une première cure de trois semaines. Puis arrêtez la prise durant une semaine et recommencez ensuite à volonté, l'idéal étant de prendre l'argile une semaine sur deux. Cette cure peut être suivie durant des mois… ou toute votre vie!

Préparation des boulettes d'argile

Si le goût du lait d'argile vous incommode, pour les enfants ou dans certains cas particuliers, il est facile de préparer des boulettes d'argile à avaler ou sucer, au choix.

- Mélangez l'argile choisie avec un peu d'eau ou de tisane de plante (menthe, eucalyptus ou autre) pour en faire une pâte ferme; il est aussi possible d'y adjoindre quelques gouttes d'une huile essentielle adaptée à votre problème ou à votre goût (attention à la quantité: ayez la main légère!).

- Roulez de petites boulettes entre vos doigts et faites-les sécher.

Pour les enfants, parfumez avec des plantes, essence de citron ou d'oranger et un peu de miel : ils les suceront comme des bonbons.

L'ARGILE EN USAGE EXTERNE

C'est la façon la plus immédiate d'utiliser l'argile, la plus naturelle chez les animaux qui s'en enduisent spontanément en cas de besoin ou s'y roulent. D'une utilisation facile et sans danger, vous pourrez y avoir recours en de nombreuses circonstances.

Cataplasme

Dans la mesure du possible, utilisez de l'argile préalablement séchée au soleil et broyée en granulés ou concassée en petits morceaux. Ne mettez jamais de métal en contact avec l'argile (cuiller, récipient...) : utilisez une cuiller en bois et un récipient en verre, pyrex, porcelaine, bois... Comme support au cataplasme, utilisez de préférence un tissu en textile naturel (linge de toile, coton, lin) : le plastique, de même que les tissus synthétiques, diminuent l'efficacité de l'argile.

Préparation du cataplasme

- *Prenez un saladier en verre, porcelaine, faïence, bois ou grès* (surtout pas métallique ni en matière plastique).
- *Versez-y de l'argile concassée* en égalisant légèrement la surface (gardez-en un peu en réserve pour épaissir le mélange, si besoin). Vous pouvez la préparer pour plusieurs jours à l'avance.
- *Recouvrez d'eau* (si possible : eau de source) sans en mettre trop (certaines argiles absorbent plus d'eau que d'autres). Pensez qu'il est plus facile d'épaissir un mélange trop fluide en rajoutant de l'argile que de fluidifier une préparation trop épaisse !
- *Laissez reposer sans y toucher* : elle se désagrège toute seule. Résistez à la tentation de la remuer pour en faire une pâte lisse : elle deviendrait collante et difficile à utiliser ! La consistance doit

être assez ferme pour ne pas couler, tout en n'étant pas trop épaisse. La pratique vous démontrera vite la bonne méthode.

- *Disposez ensuite la pâte argileuse sur un linge assez épais.* Ce linge doit être beaucoup plus grand que le cataplasme, lequel doit couvrir une surface plus étendue que la surface à traiter. Utilisez une spatule en bois (surtout pas en métal) pour répartir l'argile sur une épaisseur de deux ou trois centimètres (ne la tassez pas, laissez-la s'étaler naturellement).
- *Puis posez le cataplasme à l'endroit voulu,* en laissant l'argile en contact direct avec la peau. Maintenez-le en place avec un bandage pas trop serré (si le cataplasme est placé sur la nuque, bandez avec le front, pas avec le cou !).

On peut en cas de besoin placer une légère gaze entre l'argile et la peau, par exemple sur une partie velue ou sur une plaie. Le contact direct reste cependant préférable.

Le cataplasme doit être large et bien couvrir toute la surface à traiter. Selon les cas, vous pourrez le laisser en place de quelques minutes à plusieurs heures et même toute la nuit.

Après application et séchage, retirez-le doucement et nettoyez la peau avec de l'eau tiède (ne jamais employer d'alcool ni d'eau de Cologne). Et surtout, jetez l'argile après usage, car elle se sera chargée de toxines diverses !

Température de l'argile

Le cataplasme peut être appliqué froid ou tiédi, selon le cas. La règle est simple : sur une région enflammée ou congestionnée, le cataplasme doit rafraîchir ; s'il est appliqué dans le but de revitaliser ou tonifier, il doit réchauffer. Adaptez donc la température du cataplasme à votre ressenti, variable d'une personne à l'autre. Chez certaines personnes, un cataplasme froid réchauffe rapidement, même si l'organisme est affaibli, tandis que chez d'autres, la sensation de froid persiste : dans ce cas, mieux vaut tiédir le mélange argile-eau.

Pour résumer, disons qu'en règle générale il est préférable d'appliquer un cataplasme :

Froid : sur un endroit chaud (comme le bas-ventre), fiévreux, congestionné ou enflammé. Le cataplasme se réchauffe d'ailleurs au contact de la peau en quelques minutes. Dans certains cas (inflammation importante, température élevée), le cataplasme devient vite très chaud : il importe dans ce cas de le renouveler aussi souvent que nécessaire (parfois toutes les cinq à dix minutes en début de traitement).

Tiédi : lorsque le cataplasme a pour but la revitalisation générale ou d'un organe en particulier, la reconstitution osseuse (fracture, décalcification…) ou encore sur le foie, les reins ou la vessie (surtout en cas de cystite).

Comment chauffer l'argile ?

La plupart du temps, il est suffisant de la laisser tiédir au soleil (ce qui est de loin la meilleure solution) ou près d'un radiateur. Si cela ne vous semble pas suffisant, vous devrez la chauffer un peu.

Il faut éviter de placer l'argile au contact direct d'une source de chaleur, ce qui la dénaturerait. Ne la passez surtout pas au four à micro-onde !

La meilleure méthode est le bain-marie. Pour cela, placez le récipient contenant le mélange argile-eau dans une bassine ou une cocotte plus grande. Versez-y de l'eau jusqu'à ce qu'elle atteigne environ la mi-hauteur du récipient à argile. Placez le tout sur le feu jusqu'au réchauffement désiré (pas trop : ne faites pas cuire l'argile et ne la laissez pas se dessécher !). Puis préparez le cataplasme et appliquez-le aussitôt.

Si vous avez préparé plusieurs cataplasmes à l'avance, il est quand même possible de tiédir celui que vous êtes sur le point d'utiliser : placez-le tout préparé sur le couvercle retourné d'une casserole d'eau chaude et laissez-le ainsi quelques instants.

Durée et cadence d'application

Cette durée doit être modulée en fonction de la situation. Quant à la cadence de ces applications, elle doit être de même adaptée aux réactions de chacun et au problème.

N'oubliez pas que l'argile est un remède puissant qui risque d'occasionner des réactions fortes de l'organe ainsi traité : il est donc sage de ne pas en abuser et d'éviter les applications trop répétées qui risqueraient de fatiguer un organisme déjà affaibli. Soyez donc mesuré, ce qui vous permettra d'obtenir de ce merveilleux remède les meilleurs résultats.

a) Traitement d'un organe profond (estomac, foie, reins, pancréas, rate, etc.)

S'il s'agit de *revitaliser* l'organe en question, l'application peut durer toute la nuit. Il faut en tout cas l'interrompre avant qu'elle ne devienne trop froide, même si le cataplasme a été appliqué chaud deux heures avant !

S'il s'agit de *décongestionner* un organe, de traiter un état aigu (inflammatoire ou infectieux), les premières applications doivent être laissées en place tant que le cataplasme n'occasionne pas de gêne, généralement toute la nuit. S'il vous réveille parce qu'il devient trop chaud ou vous dérange de quelque façon que ce soit, mieux vaut l'enlever : l'argile a fait son travail et absorbé ce qu'elle pouvait, même si l'application n'a duré que deux ou trois heures. Résistez à la tentation de remettre un nouveau cataplasme dans pareil cas : vous risqueriez de trop solliciter votre organisme. Si vous êtes au repos, vous pourrez quand même en appliquer un second dans le courant de la journée, mais pas plus. Quand la situation commence à évoluer favorablement, les applications s'en trouvent allongées tout naturellement et vous le garderez toute la nuit sans en être dérangé.

> **ATTENTION :** Évitez d'appliquer des cataplasmes d'argile sur deux organes importants à la fois : cela risquerait de surmener votre organisme et de créer des réactions trop puissantes.

b) Traitement de surface
(vertèbres, articulations, peau, etc.)

Pour reconstituer le capital osseux (fracture, ostéoporose, décalcification, rachitisme etc.), l'application dure en principe toute la nuit, sauf si elle procure une sensation de froid.

S'il s'agit de traiter une plaie, une lésion inflammatoire, un abcès, un furoncle : le cataplasme peut être renouvelé tous les quart d'heure, demi-heure ou heure, selon la rapidité du réchauffement. Le garder plus irait à l'opposé du but recherché. Continuez les applications jusqu'à l'obtention du résultat désiré en les renouvelant si possible nuit et jour.

La nuit, pour plus de commodité, on peut remplacer le cataplasme par une compresse d'eau argileuse qu'il ne faudra changer qu'une ou deux fois. Puis, dès le lendemain matin, reprenez les cataplasmes, en moyenne toutes les deux heures.

Argile et sel de mer

On peut optimiser l'action de l'argile en la préparant avec de l'eau salée et du sel de mer non raffiné (le sel gris ou sel de l'Himalaya), riche en oligo-éléments, iode, magnésium naturel.

R. Dextreit indique cette préparation[9], très utile pour traiter abcès, furoncle et même tumeur.

- Faites fondre deux cuillerées à café de sel de mer gris dans un peu d'eau très chaude. Remuez avec une cuiller en bois.
- Ajoutez de l'argile en poudre pour en faire un onguent et étalez-le sur un linge de toile.
- Appliquez bien chaud ce cataplasme sur la zone malade.
- Gardez-le appliqué toute la journée et remettez-en un autre le soir que vous conserverez toute la nuit.
- Renouvelez jusqu'à l'apparition de pus, indiquant que le drainage est en train de se faire. Puis, n'appliquez plus que des cataplasmes froids jusqu'à guérison complète.

Si l'application a été bien menée, le cataplasme est presque sec et se retire facilement, ne laissant que très peu d'argile sur la peau. Dans le cas contraire, il colle : détachez-le en faisant couler un peu d'eau tiède entre l'argile et la peau, puis débarrassez-vous des particules résiduelles simplement avec de l'eau, sans savon.

Et encore une fois : JETEZ L'ARGILE après usage, car elle est devenue toxique ! Il faut même éviter de la manipuler. Lavez les linges et bandages qui sont entrés en contact avec elle ; vous pourrez les réutiliser une fois secs.

Evitez d'interrompre un traitement commencé

… même provisoirement ! Avant d'entreprendre ce type de traitement, assurez-vous de pouvoir le poursuivre jusqu'au bout, c'est-à-dire jusqu'à la guérison totale. L'argile nettoie tout l'organisme et produit des réactions en chaîne qu'il serait préjudiciable d'interrompre brutalement, sous peine de possible accentuation locale des symptômes.

Une puissante action de nettoyage

Celle-ci peut donner l'apparence d'une aggravation du mal, correspondant en fait à l'action de drainage de la partie traitée : cette aggravation apparente ne présente aucun danger et prouve au contraire l'action bienfaisante de l'argile.

Par exemple, un abcès ou un ulcère a de fortes chances de commencer par s'agrandir et se creuser en laissant s'écouler du pus et du sang, avant de cicatriser et disparaître.

Le même phénomène se produit lorsqu'on traite un organe profond : toutes les toxines des régions avoisinantes s'y trouvent drainées, ce qui pourrait amener une apparente aggravation et un risque d'extension parfois préjudiciable. Pour éviter cela, il est quelques précautions simples à prendre.

- Une quinzaine de jours avant d'entreprendre l'application des cataplasmes, commencer par drainer l'organisme : cure de citron, de fruits, alimentation végétarienne, argile par voie buccale, laxatifs si besoin est.

- N'augmenter que progressivement l'épaisseur et l'étendue des cataplasmes, en commençant par une application d'un demi à un centimètre sur une surface réduite, pour en arriver, s'ils sont bien tolérés, à une épaisseur de deux à trois centimètres sur une surface de vingt à trente centimètres de côté.
- Ne pas interrompre le traitement commencé avant que le drainage ne soit suffisant.

Si vous respectez ces quelques règles, vous tirerez de merveilleux résultats de votre argilothérapie, en évitant toute réaction désagréable.

Compresse

Il est parfois préférable, surtout dans les débuts lorsqu'on craint une trop forte réaction au cataplasme, ou dans le cas de lésions infectées, d'appliquer une compresse de boue.

La préparation en est simple: il suffit de préparer un mélange très fluide (moins d'argile et plus d'eau) dans lequel vous plongerez un linge de toile ou une serviette éponge qui doit ressortir couverte d'une fine couche d'argile.

Appliquez la compresse sur la région choisie et recouvrez le tout avec un linge sec. Fixez avec une bande velpeau ou une ceinture de tissu souple. L'application est beaucoup moins longue : une demi-heure à une heure suffisent généralement, excepté la nuit durant laquelle on peut la laisser en place plusieurs heures.

Lavement, douche vaginale

On utilise pour cela de l'argile en poudre : délayer quatre cuillerées à soupe d'argile par litre d'eau tiède et procéder comme vous le faites habituellement. Très utile en cas de colite, présence de vers intestinaux, mycoses vaginales et inflammations locales (vaginite, cervicite, métrite).

Poudrage

L'argile fine et recommandée pour le poudrage des bébés. Plus efficace que le talc (rarement naturel), n'hésitez pas non plus à en saupoudrer les plaies, genoux couronnés et autres blessures : l'action désinfectante de l'argile alliée à sa capacité de reconstruction rapide des tissus la rend irremplaçable, y compris dans le traitement des ulcérations de toutes natures, l'eczéma, le psoriasis, etc.

Chapitre 5

Se soigner avec l'argile

Il est tant de possibilités d'utiliser l'argile! La liste ci-dessous n'est pas exhaustive, tant s'en faut. Mais vous y trouverez quelques indications sur la manière d'appliquer cette fascinante thérapie par la terre, ainsi que les modalités d'application en fonction des cas et situations.

Vous y trouverez aussi mentionnées les argiles les plus adaptées. Cependant, si vous avez du mal à vous les procurer, n'hésitez pas à utiliser les argiles les plus courantes, verte et blanche, en poudre ou concassée. Sachez aussi qu'il existe dans le commerce diverses préparations destinées à vous faciliter la vie: argile en tube, cataplasmes tout préparés. Ayez-en toujours chez vous: ils seront d'un grand secours en cas d'urgence.

Il est non seulement possible mais aussi souhaitable d'accompagner votre cure d'argile de tisanes ou de tout traitement naturel bien adapté. Une alimentation saine en est de même l'indispensable complément pour un résultat durable. Rappelez-vous cependant qu'il est déconseillé d'y associer des médicaments, même homéopathiques. Voyez ce qui convient le mieux.

Abcès, furoncles, ulcérations, panaris…

L'illite, en cataplasme locaux, froids, absorbe le pus et élimine les impuretés. Si vous n'en avez pas sous la main, employez l'argile dont vous disposez. Au début, le cataplasme doit être changé souvent, dès qu'il devient chaud et sec : ce peut être tous les quart d'heure, demi-heure ou heure, selon la réaction personnelle. La nuit, appliquez plutôt une compresse d'argile que vous ne changerez qu'une ou deux fois. Puis reprenez les cataplasmes le lendemain, jusqu'à guérison complète.

Vous pouvez aussi appliquer des cataplasmes froids d'*argile verte*, additionnés de quelques gouttes d'H.E. de thym ou d'essence de citron, à fort pouvoir antiseptique.

Ne vous étonnez pas si la lésion paraît s'aggraver au début (se creuser un peu, suppurer…) :

ceci est due à la puissante action de « nettoyage » accomplie par l'argile. Tout rentrera très vite dans l'ordre.

Vous pouvez aussi employer l'emplâtre à l'eau salée indiqué page 52.

On peut avantageusement compléter ce traitement par des cataplasmes d'oignons cuits au four : cela accélère la maturation de l'abcès. Lavez toujours à l'eau salée ou au chlorure de magnésium entre chaque application, d'argile ou d'oignon. En cas de douleur insupportable, prenez des feuilles de chou, frottez-en un citron coupé en deux et appliquez trois ou quatre feuilles directement sur l'ulcération, entre deux cataplasmes d'argile.

Abcès dentaire, caries

Utilisez de préférence de la *Montmorillonite,* en dentifrice, en bain de bouche ou en cataplasmes sur la joue. Vous pouvez y adjoindre un peu de sel de mer gris pour tonifier les gencives. Placez aussi au contact de la dent malade un coton imbibé d'huile essentielle de girofle et/ou de teinture de propolis à 30 %.

Acné

Appliquez sur votre visage le masque suivant, très efficace :

- préparez une tisane de pensée sauvage assez concentrée ;
- ajoutez-y de l'argile surfine en poudre (de préférence *Montmorillonite*) pour en faire une pâte épaisse ;
- additionnez-la de levure de bière, d'huile d'amande douce et de deux gouttes d'H.E. de lavande (antiseptique).

Laissez ce masque en place quelques minutes, puis retirez-le avec une lotion tonique aux plantes ou du vinaigre de lavande.

Si les boutons sont infectés : lotionnez-les plusieurs fois par jour avec une solution de chlorure de magnésium et de la tisane de pensée sauvage. Saupoudrez légèrement les lésions une fois séchées avec de l'argile blanche surfine.

En complément, buvez chaque matin un verre d'eau argileuse et surveillez votre alimentation : évitez les sucreries, l'alcool, le tabac.

Bain de bouche

Préparez-le en ajoutant à l'eau argileuse un peu de chlorure de magnésium, quelques grammes de sel marin et 2 ou 3 gouttes d'H.E. de girofle. Gardez cette préparation en bouche quelques instants après vous être lavé les dents : vos gencives s'en trouveront tonifiées et vous éviterez le déchaussement de vos dents. Ce bain de bouche est excellent pour tous les troubles affectant la bouche : aphtes, candidose, gingivite…

Angine, maux de gorge

Illite ou Montmorillonite

- Sucez des boulettes d'argile préparées par exemple avec de la tisane de thym, ou des petits morceaux d'argile concassée.

- Faites des gargarismes de lait d'argile blanche deux ou trois fois par jour, que vous pouvez préparer avec de la tisane de plantes : par exemple, la sauge ou la mauve.
- Appliquez aussi sur la gorge, si besoin, des cataplasmes froids d'un ou deux centimètres d'épaisseur, que vous pouvez additionner de quelques gouttes d'H.E. de citron, géranium ou lavande, ou d'essence de citron.

Vous pouvez compléter ce traitement avec du chlorure de magnésium, quelques gouttes de teinture de propolis de bonne qualité et de la vitamine C (acérola, de préférence).

Arthrose, rhumatismes

Illite ou Montmorillonite

- Appliquez des cataplasmes froids d'argile verte sur les articulations douloureuses : les renouveler régulièrement jusqu'à amélioration. Il est possible d'en augmenter l'efficacité en ajoutant à l'argile des feuilles de chou fraîches broyées. Les résultats sont excellents, pour peu qu'on ait la patience de poursuivre la cure régulièrement.

- Buvez aussi un verre d'eau argileuse chaque matin afin de faciliter le drainage de votre organisme et adoptez un régime alimentaire sain et équilibré.

Asthme

Illite, Montmorillonite

Appliquez une fois par jour un cataplasme d'argile sur la poitrine, auquel vous pouvez ajouter quelques gouttes d'H.E. de thym, eucalyptus, origan. Il est généralement conseillé d'appliquer ce cataplasme chaud, sauf si cela est ressenti comme désagréable. On peut aussi en appliquer dans le dos, de chaque côté de la colonne vertébrale ; dans ce cas, c'est un jour sur la poitrine, un jour sur le dos.

Bébé

Préventivement, faites-lui prendre chaque jour une cuillerée à café d'eau argileuse avant trois tétées (une cuillerée à café d'argile pour un verre d'eau, dont vous ne lui donnez que trois cuillerées à café !).

Bronchite

Illite, Montmorillonite

Comme pour l'asthme. Complétez avec de l'eau argileuse par voie interne et associez avec une complémentation en vitamine C (type acérola). Mâchez de la propolis brute ou prenez par voie interne quelques gouttes de teinture de propolis à 30 %.

Brûlure

Montmorillonite, Illite

Les résultats seront d'autant meilleurs que votre intervention sera plus rapide. Il existe (pharmacie, magasins bio) des cataplasmes prêts à l'emploi ; ayez-en toujours chez vous, ce qui vous fera gagner un temps précieux.

- Commencez par saupoudrer la surface atteinte avec de l'argile verte surfine, puis appliquez des cataplasmes froids d'argile verte auxquels vous pourrez associer de la feuille de chou broyée.
- Mettez une gaze entre l'argile et la zone atteinte : si elle adhère à la plaie quand vous retirez l'argile, ne cherchez pas à l'enlever, laissez-la en place. De même, si des lambeaux de tissu adhèrent à la blessure, appliquez l'argile par-dessus, largement : elle éliminera tout risque d'infection et absorbera les débris ou corps étrangers se trouvant dans la brûlure.
- Renouvelez les applications toutes les heures, y compris la nuit, jusqu'à ce que les tissus neufs commencent d'apparaître. N'arrêtez pas pour autant, mais vous pourrez ralentir le rythme et vous contenter d'un cataplasme trois ou quatre fois par jour.
- En cas de brûlure des mains ou des pieds, pensez aussi à simplement

plonger le membre atteint dans une bassine contenant de la boue argileuse : c'est commode et efficace. Restez-y une bonne heure, puis renouvelez l'argile.

Circulation sanguine

La prise d'argile par voie interne, associée à celle de jus de citron, libère les capillaires sanguins en dissolvant les cristaux.

- Un verre chaque matin.

En cas de phlébite ou d'artérite
- Argile par voie interne
- Applications larges d'argile localement, en cataplasmes épais.

Colibacillose

Illite, Montmorillonite

Prendre l'argile par voie interne, à raison de trois ou quatre cuillerées diluées dans un verre d'eau par jour, de préférence avant les repas.

Colite

Attapulgite, Kaolinite

L'*attapulgite* élimine les toxines et les poisons intestinaux.

- On en préparera un lait d'argile à prendre avant les repas, ce qui contribuera à calmer l'irritation.
- Prenez vos repas dans une atmosphère calme et détendue et adoptez un régime alimentaire mieux adapté : évitez viandes, charcuterie, sauces, etc.

Constipation

Argile blanche par voie interne.

Attention : au début du traitement, il se peut que l'importance des déchets drainés par l'argile n'occasionne des embarras : dans ce cas, buvez beaucoup entre les repas et prenez une tisane laxative.

Dans tous les cas, mieux vaut y aller progressivement et commencer par ne prendre que l'eau argileuse, en laissant l'argile au fond du verre. Vous pouvez aussi prendre ce verre en plusieurs fois dans le courant de la journée, entre les repas.

En cas de constipation tenace, évitez l'emploi d'argile par voie buccale et contentez-vous de l'usage externe.

Cystite

Illite, Montmorillonite

- Cataplasmes d'argile chaude sur la vessie, loin des repas, à renouveler dès qu'il chauffe. Vous pouvez en augmenter l'efficacité en les saupoudrant de gingembre en poudre.
- Prenez aussi du chlorure de magnésium : un verre trois ou quatre fois par jour, et tant pis si cela vous occasionne une diarrhée passagère qui disparaîtra dès que tout sera rentré dans l'ordre.

Décalcification, ostéoporose, rachitisme

Montmorillonite

- Cataplasmes tiédis d'*argile verte*, assez épais, disposés sur les zones atteintes : ils contribuent au drainage de l'organisme et à la reminéralisation. Il est conseillé d'aussi en boire sous forme d'eau argileuse, par cures. Poursuivre ce traitement pendant plusieurs mois.
- Il est parfois utile d'appliquer aussi de l'argile sur la gorge, en cas de déficit des parathyroïdes : cataplasmes de deux heures, en moyenne.

Dents (problèmes de dents et de gencives)

Illite, Montmorillonite

Bain de bouche : l'argile blanche blanchit les dents, désinfecte et fortifie les gencives. C'est aussi un bon dentifrice. Alternez avec un bain de bouche à l'eau très salée (une cuillerée à soupe de sel marin non raffiné pour un verre d'eau).

Sucez aussi de petits morceaux d'argile ou des boulettes d'argile, surtout au coucher.

Abcès dentaire : appliquez d'épais cataplasmes d'argile froide sur la joue correspondante et pratiquez un bain dérivatif[10] d'une demi-heure. Renouvelez toutes les deux heures maximum le cataplasme.

Dermatose, eczéma, psoriasis...

Illite

- Buvez un verre de lait d'argile une ou deux fois par jour.
- Appliquez sur les zones atteintes des cataplasmes d'argile peu épais, auxquels vous aurez ajouté un peu d'huile d'olive ou d'amande douce et des H.E. de cajeput, géranium, camomille.
- Quand vous retirez le cataplasme, passez un peu d'onguent à la propolis qui facilitera la cicatrisation tout en jouant un rôle antiseptique sur les lésions ayant tendance à s'infecter.

Diarrhée

Attapulgite, Kaolinite, argile blanche

- Prendre un verre de lait d'argile deux à trois fois par jour.
- Ajoutez de la tisane de ronce, marrube blanc ou grande consoude.

Douleurs diverses, névralgies

- Cataplasmes locaux d'argile verte, froide, renouvelés autant qu'il est nécessaire.
- S'il s'agit de névralgie faciale, l'argile chaude est souvent mieux tolérée que la froide. Voyez ce qu'il en est pour vous.

Eau polluée (purification de l'eau ou désodorisation)

Les vertus bactéricides de l'argile ainsi que son pouvoir absorbant permettent de l'utiliser pour rendre inoffensive une eau polluée, en cas de doute. Elle désodorise aussi l'eau du robinet en lui enlevant ses relents de chlore et autres produits chimiques.

Ajoutez l'argile, selon la quantité d'eau à traiter, et laissez reposer le tout avant utilisation. Cette eau vous fera du bien à vous aussi par la même occasion.

Entorse, foulure

Illite, Montmorillonite

L'illite fait merveille, en cataplasme épais froid ou tiédi.

Appliquez un épais cataplasme ; changez-le souvent, dès qu'il devient chaud et poursuivez jusqu'à guérison. Les résultats ne tarderont guère !

États dépressifs

Montmorillonite

- Buvez chaque jour de l'eau argileuse pour vous reminéraliser.

- Prenez des infusions de lavande, sauge et thym, ainsi que des extraits de mille-pertuis (huile, gélules de plantes).
- Appliquez sur la nuque un cataplasme d'argile que vous garderez de deux à quatre heures, ou toute la nuit. Bandez avec le front.

Fatigue générale, asthénie, convalescence

Montmorillonite

Il faut dans ce cas reminéraliser l'organisme.

- Buvez un verre d'eau argileuse verte deux fois par jour (prenez juste l'eau an laissant l'argile déposée au fond).
- Prenez aussi des bains d'algues auxquels vous ajouterez du sel de mer.

Fibromes, kystes ovariens

Montmorillonite, Illite

- Larges cataplasmes d'argile, froids et épais, à garder toute la nuit sur le bas-ventre, sauf au moment des règles.
- Boire un verre de lait d'argile chaque matin.
- Pensez à la vitamine E (en magasin bio).

Gastrite, troubles digestifs

Montmorillonite, Illite, Attapulgite

L'argile blanche, prise par voie interne sous forme de lait d'argile, calme les douleurs, résorbe les fermentations, neutralise l'excès d'acidité, protège la muqueuse gastrique qu'elle cicatrise. Ses vertus antibactériennes et anti-inflammatoires en font un excellent traitement (ou adjuvant de traitement) des gastrites.

L'attapulgite, sous forme de lait d'argile, est aussi un excellent pansement gastrique qui calme les crampes d'estomac, l'hyper-acidité et stoppe les hémorragies dues aux ulcérations.

Outre la prise quotidienne de ce lait d'argile, appliquez des cataplasmes froids chaque jour sur l'estomac loin des repas.

Gastro-entérite

Montmorillonite, Attapulgite, Illite

- Prenez trois ou quatre verres par jour de lait d'argile avant les repas.
- Cataplasmes froids ou tiédis, selon votre ressenti, sur l'estomac et l'abdomen une fois par jour.

Goutte

Illite, Montmorillonite

- Cataplasmes d'argile froids sur les endroits douloureux.
- Lait d'argile une ou deux fois par jour.

- Décoction d'aubier de tilleul : au moins un demi-litre par jour en cure de deux semaines.

Grippe

Appliquez un épais cataplasme d'argile froide sur le bas-ventre. Gardez-le deux heures. Renouvelez ce cataplasme trois ou quatre fois dans le courant de la journée.

Grossesse

Illite, Attapulgite, Montmorillonite

- Il est très favorable d'en prendre une cuillerée à café chaque jour sous forme de lait d'argile, une semaine sur deux, durant toute la grossesse. L'argile favorise d'ailleurs la lactation.
- Le dernier mois, il est bon d'appliquer un cataplasme quotidien sur l'abdomen ; il en est de même après l'accouchement. Les cataplasmes peuvent être

appliqués à tout moment, en cas de besoin : n'hésitez donc pas !

Hépatites, troubles hépatiques

Montmorillonite

- Cataplasmes locaux d'argile froide ou tiédie, si vous supportez mal l'argile froide. Gardez-les toute la nuit.
- Infusions de thym, romarin.
- Produits diététiques à base d'artichaut, desmodium, chardon-marie, gentiane…

Hypertension

Illite, Montmorillonite

L'argile enrichissant le sang, n'en prendre que de faibles quantités par voie interne si la tension artérielle est trop élevée : une ou deux pincées quotidiennes dans de l'eau suffisent, ou une cuillerée à café deux fois par semaine. L'application de cataplasmes est par contre conseillée, en alternant foie – reins – abdomen.

Hypotension

Illite, Montmorillonite

La cure interne d'argile est souveraine car elle rétablit l'équilibre, enrichit un sang appauvri en éléments minéraux essentiels et redonne la vitalité compromise. Une cuillerée à café dans un verre d'eau le matin à jeun.

Insolation

Illite

- Appliquez dès que possible sur le front un cataplasme froid d'argile verte, associée à du sel marin gris ; renouvelez dès qu'il est chaud. Mettre aussi un cataplasme froid sur la nuque.
- Onctions sur les tempes avec de l'huile essentielle de lavande.

Intoxication alimentaire

L'argile blanche, par voie interne, est particulièrement conseillée en raison de son pouvoir anti-bactérien sur certaines formes de bactéries pathogènes.

Lumbago

Montmorillonite

Voir **arthrose**. Il est préférable d'appliquer l'argile tiède, si ce n'est chaude. On peut mettre deux cataplasmes par jour, couvrant largement la région lombaire.

Métrites, vaginites, pertes blanches

Montmorillonite, Kaolinite

- Douches vaginales quotidiennes d'eau argileuse tiède.
- Appliquez des cataplasmes d'argile épais et froids sur le bas-ventre et gardez-les toute la nuit.

Migraine, maux de tête

Illite, Montmorillonite

- Appliquez sur le front et sur la nuque un cataplasme froid, à renouveler dès qu'il semble chaud.
- Lotionnez les tempes avec de l'H.E. de lavande et buvez de l'infusion de reine des prés.
- Bains de pieds ou de mains chauds, additionnés d'une cuillerée à soupe de sel marin.

Odeurs corporelles

Saupoudrer avec de l'argile (blanche pour la commodité) les parties du corps concernées : l'odeur disparaît, absorbée par cette terre.

Otite, douleur d'oreille

Illite

- Appliquez directement sur l'oreille malade de larges cataplasmes surtout derrière l'oreille, à renouveler quand l'argile devient chaude.

- Appliquez aussi derrière l'oreille quelques gouttes d'H.E. de niaouli et d'essence de citron. Instillez dans l'oreille un peu d'huile d'olive tiédie.
- Donnez du chlorure de magnésium[11].

N.B. Consultez votre médecin en cas d'écoulement purulent.

Peau (tous problèmes)

L'illite entre dans la composition de toutes sortes de masques, gommages. Elle est excellente pour nettoyer la peau en profondeur. Voir: **acné et dermatoses**.

Plaies, blessures diverses

Illite

- Lavez la plaie avec une solution de chlorure de magnésium.

- Appliquez ensuite directement sur la plaie un cataplasme épais débordant largement. Renouvelez-le souvent : la plaie se nettoiera d'elle-même. Toutes les substances étrangères sont attirées par l'argile dans laquelle on les retrouve ensuite.
- Si la plaie est vilaine ou en cas d'ulcérations, alternez avec des compresses d'infusion de feuilles de buis sèches (60 g pour un litre d'eau, à faire réduire au quart)

Rhume, sinusite

Illite, Montmorillonite

- Lavages du nez avec de l'eau argileuse : une cuillerée à café pour un bol d'eau. Plongez le nez dans l'eau, une narine maintenue fermée avec un doigt, et aspirez doucement. Changez de narine. Refaites cette manœuvre cinq ou six fois.
- En cas de sinusite, ajoutez des applications d'argile le long des ailes du nez.
- Vous pouvez ensuite vous offrir une inhalation de thym.

Rougeurs des fesses des bébés

En poudrage, *l'argile blanche* ou *kaolinite* les calme rapidement et remplace efficacement le talc, rarement pur.

Surdité

Appliquez les cataplasmes sur la nuque, d'une oreille à l'autre. Les bander avec le front, pas avec le cou et laissez en place deux à quatre heures, ou encore toute la nuit si on le supporte. En cas de troubles (sensation de vertige ou autres), arrêtez les cataplasmes sur la nuque pendant quelques jours et remplacez-les par des applications sur le bas-ventre ; puis reprenez-les sur la nuque.

Thyroïde (goitre, hyperthyroïdie, hypothyroïdie, nodules)

Montmorillonite

L'argile exerce une action régulatrice sur les fonctions perturbées ; c'est pourquoi elle est utilisable aussi bien pour tonifier une thyroïde défaillante (hypothyroïdie) que pour en calmer l'hyperfonctionnement. Les nodules thyroïdiens disparaissent généralement en quelques semaines avec des applications régulières d'argile associées à une réforme alimentaire et un mode de vie plus équilibré (relaxation, détente, gestion du stress…).

- Placez une ou deux fois par jour un cataplasme d'argile verte, d'épaisseur moyenne, sur la gorge. Les garder de deux à quatre heures, ou même toute la nuit.
- Associez à la prise de lait d'argile le matin à jeun.

Transpiration excessive

- Poudrez pieds ou aisselles avec de l'argile verte surfine additionnée de quelques gouttes d'H.E. de lavande.
- Faites le soir un bain de pied chaud auquel vous ajouterez une cuillerée à soupe d'argile et une poignée de gros sel de mer gris.

Ulcère d'estomac (voir aussi gastrite)

Montmorillonite, Attapulgite

- Placez chaque jour un cataplasme d'argile (de préférence *Montmorillonite*) sur l'estomac, loin des repas.
- L'*argile blanche* ainsi que l'*Attapulgite* constituent d'efficaces pansements gastriques. Mais, au contraire des pansements médicamenteux habituels, l'action de l'argile ne s'arrête pas là : certes, elle protège, mais elle cicatrise aussi, tout en éliminant les cellules détruites, et enlève toutes les substances nocives grâce à ses propriétés colloïdales. Prendre un verre de ce lait d'argile avant les repas.

Ulcère variqueux

Montmorillonite

Appliquez jusqu'à cicatrisation des cataplasmes d'argile additionnés d'une ou deux gouttes d'H.E. de romarin, genièvre et lavande.

Vaccination

Argile verte, Montmorillonite

Peut-être faites-vous partie des personnes allergiques aux vaccins ou craignez-vous des réactions désagréables chez vos enfants que vous n'avez pu soustraire aux vaccins dits « obligatoires »… Il est une parade bien utile à connaître.

- Munissez-vous d'un cataplasme d'argile tout préparé (*catargile*, en pharmacie ou en magasin bio).
- Dès que la vaccination a été pratiquée, allez vite aux toilettes, humectez le cataplasme avec de l'eau tiède et appliquez-le sur la zone de l'injection.
- Conservez ce cataplasme au moins deux heures : l'argile réabsorbe le vaccin !
- Dans le même temps, prenez un verre de chlorure de magnésium deux fois par jour pendant quelques jours.

À noter

- En France, depuis le 1er janvier 2018, il y a 11 vaccins obligatoires pour les enfants de moins de 2 ans, plus les divers rappels, auxquels il convient d'ajouter les vaccins « fortement conseillés »... ce qui représente un nombre conséquent d'injections durant l'enfance.

- En Italie, seuls 3 vaccins sont obligatoires.
- En Suisse : 0 vaccin obligatoire sur l'ensemble du pays (1 vaccin obligatoire dans le canton de Genève).
- Dans les autres pays d'Europe : 0 vaccin obligatoire.

Verrues

Montmorillonite

- Petits cataplasmes locaux d'argile verte qu'on peut renouveler fréquemment (l'argile en tube est très pratique !).
- Si vous le pouvez, appliquez chaque jour sur la verrue un peu de suc de chélidoine (obtenu en cassant une tige fraîchement cueillie).
- Prenez en plus un verre de chlorure de magnésium chaque matin.

Vers intestinaux

Montmorillonite

L'action rééquilibrante de l'argile sur la flore microbienne et sur l'état de la muqueuse intestinale explique peut-être son action sur les vers intestinaux qu'elle expulse rapidement, parfois même alors que la personne ne s'en savait pas porteuse (ils étaient quand même présents, mais demeurant discrètement logés dans des replis des muqueuses).

- Un verre par jour suffit, en cure prolongée.
- En cas d'infestation importante, un lavement intestinal à l'eau argileuse soulage rapidement et permet une première évacuation.
- Si ce problème se manifeste régulièrement, commencez par soigner le foie avec un cataplasme d'argile verte à garder toute la nuit.

Vésicule biliaire

Montmorillonite

- Appliquez localement matin et soir des cataplasmes d'argile chaude. Vous pouvez les additionner d'H.E. de citron et de romarin et d'essence de citron.
- Prenez des gélules de Chrysantellum Americanum, de Desmodium et buvez des ampoules d'artichaut et de radis noir : ces plantes favorisent le drainage de la vésicule biliaire.

Yeux

Il est différentes causes aux troubles visuels, ce qui implique des traitements différents.

- S'il s'agit d'un *dysfonctionnement organique* (du foie en particulier), il faut traiter les organes en cause avec des cataplasmes d'argile appliqués localement.
- En cas d'*inflammation* ou d'*infection* (conjonctivite…), appliquez

directement sur les yeux (fermés) de petits cataplasmes d'argile, isolés par une gaze et froids, qu'il faudra renouveler souvent (en moyenne toutes les demi-heures).

- Si les troubles sont dus à une malformation (strabisme, astigmatisme...) : appliquez de petits cataplasmes d'argile sur les yeux et un cataplasme large sur la nuque.

Zona

Montmorillonite

- Renouvelez aussi fréquemment que nécessaire les cataplasmes d'argile verte appliqués largement sur la région atteinte. Vous pouvez y ajouter une ou deux gouttes d'H.E. de cyprès, lavande, arbre à thé et sauge.
- Le soir au coucher, appliquez aussi le contenu d'une gélule de vitamine E 200 (magasin bio) ou de gel d'aloe vera.

Chapitre 6

Soins de beauté

Il existe dans le commerce (magasins bio) de nombreux produits de beauté d'excellente qualité à base d'argile. Cependant, il vous est aussi possible de fabriquer vous-même des crèmes et masques efficaces et bon marché à base d'argile que vous pourrez adapter à votre peau et à vos besoins. La préparation en est facile et amusante…

MASQUES, CRÈMES ET AUTRES SOINS DU VISAGE

Pour cet usage, les meilleures argiles sont la *Montmorillonite* (revitalisante) et la *Kaolinite* (adoucissante). Leurs apports en oligo-éléments et minéraux divers favorisent le renouvellement cellulaire, tandis que leurs fines particules permettent un léger peeling.

Masque pour peau normale

- Faites une pâte avec de l'argile en poudre, de l'eau et divers jus de fruit ou légumes, selon vos besoins : jus de concombre, tomate, raisin…

- Appliquez-en une fine couche sur le visage bien démaquillé.
- Gardez ce masque tant qu'il reste humide, sans donner la sensation de « tirer » la peau.

Masque pour peau sèche ou sensible *

Mêlez l'argile blanche avec de la poudre de son d'avoine, de l'huile de germe de blé, de l'huile d'amande douce et de l'extrait de tilleul ou de calendula pour en faire une pâte souple.

Masque pour peau mixte*

Argile blanche ou verte, une cuillerée à café d'huile d'olive, un peu de spiruline et une cuilerée à soupe de levure de bière. Mêlez le tout légèrement jusqu'à la consistance souhaitée.

Masque pour peau grasse et à comédons*

Argile verte (désincrustante) associée aux algues marines ou extraits d'algues.

---

* Les astérisques indiquent des formules adaptées du livre de J.P. Guenot : *Comprendre l'argile.*

Crème adoucissante et antiride

- Faites un mélange d'argile en poudre, d'huile d'olive, d'amande douce ou de germe de blé. Vous pouvez y ajouter le contenu d'une gélule de vitamine E 200 (en magasin bio).
- Vous pouvez préparer une autre crème, en ajoutant à la formule précédente de la spiruline (algues phytoplanctonique mexicaine), de l'huile de carotte, du gel d'aloe vera et de l'hamamélis (pour améliorer la circulation).
- Ajoutez à votre argile ou à votre crème (formules précédentes) 1-2 gouttes d'huile essentielle de romarin.

Lotion tonique

Préparez une eau argileuse avec : argile en poudre, solution de chlorure de magnésium, un peu de sel marin non raffiné, poudre ou extrait de plante (prêle, romarin, sauge, mille-pertuis…) ou encore un peu de jus de carotte et de citron.

Poches sous les yeux

Elles peuvent être atténuées par l'application de masques d'argile préparée avec de l'eau.

Couperose, acné, tâches et irritations diverses

Lotionnez-vous avec de l'eau argileuse et appliquez l'intérieur de l'écorce d'un citron. Buvez-en le jus par la même occasion !

Vous allez ici tenir compte d'un autre facteur : à savoir si votre visage est chaud ou frais au toucher.

- *Si votre visage est chaud :* remplacez l'eau par de la teinture-mère de thym dans la préparation de votre argile.
- *Si votre visage est frais :* diluez l'argile avec de la teinture-mère de Calendula.

Utilisez cette préparation adaptée à votre usage comme indiqué ci-dessous :

Peau très sèche ou très abimée

Appliquez le masque argile + TM de Thym ou Calendula, puis recouvrez le tout de beurre de karité. Gardez ce masque aussi longtemps que possible (une heure ou plus) : vous retrouverez une peau régénérée !

Si vous disposez de fleurs fraîches

- Peau sensible ou sèche : camomille ou bouillon blanc.
- Peau rèche, ridée : mauve (qui vous rendra la peau très douce).
- Couperose, taches : chélidoine.
- Toutes peaux : bouillon blanc.

Faites macérer à froid toute la nuit, au frais, les fleurs fraîches choisies. Le lendemain matin : mixez-les, puis mélangez-les à l'argile préparée avec la teinture-mère de votre choix. Gardez ce masque une demi-heure, puis rincez soigneusement. Pour de meilleurs résultats, appliquez-le deux ou trois fois par semaine.

SOINS DES CHEVEUX

L'argile revitalise les cheveux et régularise la sécrétion de sébum. On peut donc en user avec grand bénéfice, que ce soit sous la forme de cataplasme – qu'on laisse appliqué tant qu'il reste humide – ou en y adjoignant plantes, huiles essentielles, henné etc.

Le rassoul est une terre argileuse que l'on trouve surtout au Maroc. Riche en saponines, elle s'émulsionne facilement avec de l'eau, produisant une mousse légère. Elle est ainsi un excellent shampooing qui dégraisse le cheveu sans l'abîmer et lui donne un joli gonflant. Il est présenté en plaquettes que l'on dissous avec de l'eau tiède.

Cheveux gras*

- Préparez un emplâtre en mélangeant du rassoul ou de l'argile verte avec une infusion tiède de verveine et de thym.
- Appliquez-le sur l'ensemble de la chevelure mouillée, une ou deux fois par semaine, laissez poser quelques minutes, émulsionnez avec les mains et rincez abondamment.

Cheveux secs ou dévitalisés*

Ajoutez à l'argile verte ou au rassoul de la levure de bière, des algues en poudre et diluez avec de la tisane de sauge. Laissez poser quelques minutes, émulsionnez et rincez à fond.

Pellicules*

Faites un emplâtre composé de rassoul ou d'argile verte, de henné neutre et de tisane de sauge. Laissez poser quelques minutes, émulsionnez avec les mains et rincez abondamment.

Cheveux blonds*

Ajoutez à l'emplâtre à base d'argile verte de la poudre de camomille et laissez poser : vos cheveux y gagneront de jolis reflets.

SOINS DU CORPS

L'argile adoucit la peau et la nettoie parfaitement. Vous pourrez inventer vous-même laits et lotions diverses : vous savez à présent comment vous y prendre. Voici trois préparations simples qui vous rendront certainement de grands services.

Bain « relax »

Ce bain, pris en fin de journée, vous détendra et vous remettra en forme, stimulera votre circulation sanguine… et vous aidera à lutter contre les kilos superflus.

- Dans un bain à température normale (37 °C à 38 °C), dissolvez :
  - 4 cuillerées à soupe d'argile verte surfine ;
  - 4 cuillerées à soupe de gros sel marin non raffiné, de sels de la mer Morte ou de sel de l'Himalaya, très riche en oligo-éléments ;
  - 3 cuillerées à soupe de poudre d'algues ou de l'extrait liquide d'algues.
- Restez-y 15 à 20 minutes, puis allez vous allonger un moment, jambes surélevées.

Bain amincissant

Le rassoul favorise la dissolution des amas graisseux et cellulitiques et rafermit les tissus relachés.

- Dans un bain bien chaud, dissolvez :

– 100 g de rassoul ;
– 3 cuillerées à soupe d'algues en poudre ;
– quelques gouttes d'huiles essentielles de plantes ou un bain aromatique[12].

- Restez-y une demi-heure, frictionnez bien les zones atteintes de cellulite, séchez-vous sommairement et enveloppez-vous d'un peignoir de bain.
- Allez ensuite vous coucher pour transpirer, bien couverte, pendant quelques minutes.

Cellulite*

- Avant l'application, frictionnez-vous au gant de crin.
- Préparez une boue pâteuse avec du rassoul délayé dans de l'eau tiède.
- Appliquez-la en cataplasmes sur les zones atteintes (hanches, ventre, taille, cuisses, culotte de cheval, chevilles…), préalablement humidifiées.
- Laissez sécher, puis nettoyez avec de l'eau d'hamamélis, astringente.

… et surtout, persévérez !

Chapitre 7

Autres usages

Il est mille utilisations possibles de l'argile ! Avec un brin de pratique, vous en découvrirez d'autres… Voici quelques indications pour orienter vos recherches.

Nos amis à quatre pattes (ou moins)

Vous l'avez remarqué lors de promenades en campagne, votre chien lape volontiers les flaques d'eau argileuse rencontrées sur les chemins, et il s'en porte fort bien.

Les animaux sauvages aussi recherchent cette terre qui les soulage et les guérit : ils s'y roulent volontiers, y plongent leurs membres blessés, s'en appliquent sur leurs blessures qui cicatrisent ainsi très vite, sans s'infecter. Surveillez d'ailleurs votre réserve d'argile : tout animal blessé s'en fera un refuge, que ce soit votre chat… ou une souris blessée ! (Aussi prenez soin de la bien protéger).

Sans entrer dans les détails[13], il est quand même quelques règles simples qui vous permettront dès maintenant d'appliquer l'argilothérapie à vos animaux.

Usage interne

Le plus simple est de systématiquement additionner d'un peu d'argile surfine l'eau de boisson de vos animaux (chien, chat, cheval, mais aussi hamster, cochon d'inde, lapin, oiseaux, poissons… et tous les autres). Pour vous donner un ordre d'idée, comptez environ une cuillerée à soupe d'argile par litre d'eau.

Usage externe

Appliquez l'argile de la même manière que pour vous : il n'est pas tant de différence entre les animaux et nous !

Une méthode pratique consiste dans certains cas à plonger l'animal ou une de ses pattes (par exemple en cas d'abcès ou de blessure) dans un récipient contenant de la boue argileuse. On peut aussi simplement l'en enduire… et l'envoyer faire une ballade dehors, s'il fait assez chaud !

Pensez aussi à saupoudrer d'argile surfine les lésions de la peau et les plaies. Et ajoutez de la levure de bière à sa ration alimentaire : votre chat appréciera particulièrement !

Si vous êtes l'heureux propriétaire d'un cheval, ayez recours à l'argile pour toute inflammation des paturons ou gonflement des articulations : appliquez des cataplasmes… et appréciez les résultats !

Dans la maison

Pensez au pouvoir absorbant de l'argile : il vous rendra de grands services ! En voici quelques exemples.

- Placez toujours une soucoupe contenant quelques morceaux d'argile dans votre réfrigérateur : les mauvaises odeurs disparaîtront et vos aliments garderont leur véritable odeur sans se mélanger à celle des autres.
- De mauvaises odeurs flottent dans votre maison, odeurs de cuisine, de tabac, etc. ? Disposez de l'argile en poudre dans une assiette : elle finira par tout désodoriser. Vous pouvez, pour parfumer et assainir, répandre sur les morceaux d'argile quelques gouttes d'huiles essentielles de votre choix (lavande, citronelle, verveine, thym…).

- Vous avez renversé de l'essence, ou pire du gasoil, dans le coffre de votre voiture? Saupoudrez vite l'endroit sali avec de l'argile en poudre et laissez absorber. Ajoutez-en si nécessaire, après première absorption. L'odeur désagréable disparaîtra complètement.

Au jardin aussi…

L'argile constitue un excellent pansement pour combler les blessures des arbres, qu'il s'agisse de branches cassées, fendues… Appliquez localement un emplâtre d'argile assez épais et maintenez-le en place fermement. Laissez-le posé une quinzaine de jours, puis renouvelez-le jusqu'à complète cicatrisation.

- Utilisez aussi la pâte argileuse pour envelopper les greffes faites sur les arbres fruitiers: elles prendront mieux.
- Saupoudrez régulièrement d'argile verte surfine le pied de vos plantes d'intérieur: cela leur apportera des oligo-éléments utiles et permettra

de maintenir un taux d'humidité satisfaisant.

- Et si vous disposez d'un puits, un lit d'argile répandu au fond en gardera l'eau saine et pure…

Conclusion

L'argilothérapie est la méthode la plus ancienne qui soit, la plus naturelle aussi, bon marché et sans danger. Aussi, ayez-en toujours une provision chez vous, sous diverses formes (granulés, poudre surfine, en tube, sous forme de cataplasmes prêts à l'emploi…) : cela vous permettra de ne jamais vous trouver pris au dépourvu en cas d'urgence.

Soyez aussi conscient que de petits maux soignés efficacement dès le départ peuvent la plupart du temps vous éviter les désagréments de maladies beaucoup plus sérieuses et difficiles à éliminer : ils sont, le plus souvent, les signaux d'alarme lancés par votre organisme pour vous prévenir à temps d'une anomalie. Ne négligez pas ces signes, apprenez à en tenir compte et à donner à votre corps les soins qu'il demande… et auquel il a droit ! Trop souvent, nous considérons notre corps comme une machine inusable de laquelle nous ne cessons d'exiger plus et plus encore. Nous accordons généralement plus d'attention et d'entretien à notre automobile, dont nous redoutons les pannes, qu'à ce merveilleux « véhicule » qu'est notre corps, bien qu'il puisse cependant tomber lui aussi en panne, et parfois gravement.

Aussi, toujours la même vieille règle : il vaut mieux prévenir que guérir…

L'argile n'est pas toxique, vous en connaissez à présent les principales vertus. Apprenez à la choisir avec soin, à déterminer celle qui conviendra le mieux dans une situation donnée. Les éléments de ce choix ont été exposés dès le début de ce livre et votre intuition, votre ressenti feront le reste. Il vous faudra parfois un peu de patience, mais si vous savez persévérer, les résultats seront toujours au rendez-vous et surtout, ils seront durables !

Comme en tout, seule importe l'expérience personnelle. Aussi aimerais-je vous exhorter… à ne surtout pas me croire sur parole quant aux merveilleux résultats qu'il est possible d'obtenir quand on accepte de collaborer avec l'argile, avec conscience et respect :

Expérimentez-les par vous-même !

Commencez par soigner de petits maux, pour vous « faire la main ». Constatez les résultats : ils vous donneront confiance, en vous et en la terre. Alors seulement, vous pourrez aller plus loin, s'il est besoin.

Il faut cependant être lucide : si l'argile nous guérit en absorbant notre mal, en drainant les toxines hors de notre organisme, il en découle la logique obligation d'éviter de le polluer dans le même temps par une alimentation inadéquate et des habitudes malsaines. L'argile peut bien drainer votre foie, mais si vous continuez à l'intoxiquer par une nourriture trop « riche » et des boissons alcoolisées, les résultats ne sauraient être à la hauteur de vos espérances, c'est-à-dire durables !

Réformez donc ce qui mérite de l'être : alimentation, mauvaises habitudes de vie… sans oublier nos mauvaises habitudes de pensées et une mauvaise gestion de nos émotions, souvent à l'origine de problèmes de santé. Les résultats obtenus vous étonneront et vous dédommageront largement de vos légers efforts.

Car tout, dans notre corps, aspire à la santé, recherche l'équilibre – et non le contraire, comme on se plaît trop à le penser dans notre étrange civilisation. Tout ce que nous avons à faire, c'est de l'y aider en favorisant son travail d'épuration et en soutenant ses défenses naturelles. La nature met pour cela à notre disposition de nombreux moyens parmi lesquels la terre – et tout ce qui en est issu – tient une place de choix.

Il ne tient qu'à vous de l'utiliser, pour votre bien-être et celui de vos proches. Vous allez vite le constater : il n'est rien de plus facile !

Notes

1. *Comprendre l'argile,* J.P. Guenot, 1984.

2. Cf. chapitre suivant.

3. Raymond Dextreit, *L'Argile qui guérit,* Éditions Vivre en Harmonie.

4. Se référer à *Quelle santé de fer!, Santé, jeunesse et vitalité grâce aux minéraux et oligoéléments colloïdaux,* M.-F. Muller, (épuisé, disponible via l'auteure).

5. Raymond Dextreit, *op. cit.*

6. Albert Schalle, *La Cure Kneipp, celle des réussites,* Éditions Alsatia, Paris.

7. J.P. Guenot, *Comprendre l'argile*, 1984.

8. Se référer à *Quelle santé de fer!, Santé, jeunesse et vitalité grâce aux minéraux et oligoéléments colloïdaux,* M.-F. Muller, (épuisé, disponible via l'auteure).

9. Raymond Dextreit, *op. cit.*

10. France Guillain, *Les Bains dérivatifs*, Éditions Jouvence.

11. Pour la posologie et le mode d'emploi, se reporter à : *Le Chlorure de magnésium : un remède-miracle méconnu,* M.-F. Muller, Éditions Jouvence.

12. Se reporter à : *Huiles essentielles,* M.F. Muller, Hachette Pratique.

13. Se référer à *Médecines douces pour animaux*, M.F. Muller, Éditions Jouvence.

Bibliographie

L'Argile qui guérit, R. Dextreit, Éditions Vivre en Harmonie

Comprendre l'argile, J.P. Guenot

Les Argiles : comment choisir, J.P. Guenot, Éditions Chiron

L'Argile pour votre santé, A. Passebecq, Éditions Dangles

L'Argile, terre miraculeuse, R. Mantovani (épuisé)

Soignez-vous par l'argile, Pierre Bourgeois, Éditions De Vecchi

Pouvoirs merveilleux de l'argile, Eric Nigelle, Éditions Andrillon

La Médecine secrète des gens du voyage, Pierre Derlon, Éditions Robert Laffont

Applied clay mineralogy, R.E. Grim (épuisé)

La Santé par l'argile, Robert Masson, Éditions MA

Index thérapeutique

De la même autrice aux Éditions Jouvence

Le Chlorure de magnésium

Un remède miracle méconnu

Facile à préparer, simple à prendre, peu coûteuse, cette poudre blanche a d'étonnantes propriétés thérapeutiques et devrait figurer dans la pharmacie familiale de chacun. À découvrir ou redécouvrir !

120 pages • 5,95 €

Dépôt légal : avril 2022
Achevé d'imprimer en mars 2022
Imprimé en France par Laballery
N° d'impression : 202823